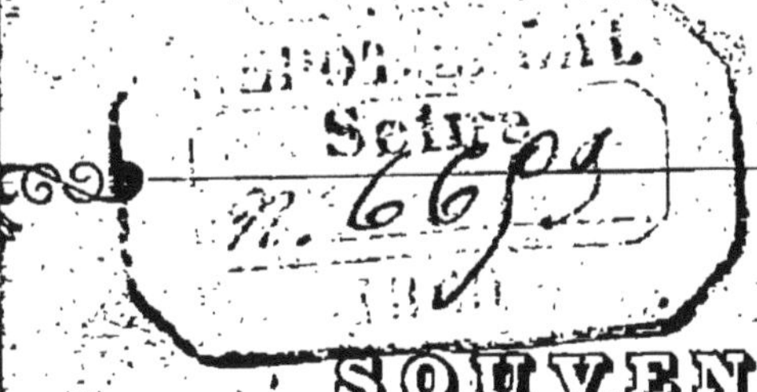

SOUVENIR

DU PÈLERINAGE

DE SAINTE-ANNE D'AURAY

PAR L'ABBÉ J. M. BÉCEL
MISSIONNAIRE APOSTOLIQUE.

Le Seigneur est vraiment en ce lieu...
C'est véritablement la maison de Dieu et la porte du ciel.
(GEN. XXVIII, 16, 17.)

PARIS
LIBRAIRIE D'ADRIEN LE CLERE ET Cie
Imprimeur de N. S. P. le Pape et de l'Archevêché de Paris
RUE CASSETTE, 29, PRÈS SAINT-SULPICE.

1860

SOUVENIR

DU PÈLERINAGE

DE SAINTE-ANNE D'AURAY

SOUVENIR

DU PÈLERINAGE

DE SAINTE-ANNE D'AURAY

PAR L'ABBÉ J. M. BÉCEL
MISSIONNAIRE APOSTOLIQUE.

Le Seigneur est vraiment en ce lieu...
C'est véritablement la maison de Dieu et la porte du ciel.
(GEN. XXVIII, 16, 17.)

PARIS
LIBRAIRIE ADRIEN LE CLERE ET Cie
IMPRIMEUR DE N. S. P. LE PAPE ET DE L'ARCHEVÊCHÉ DE PARIS
Rue Cassette, 29, près Saint-Sulpice

1860

A LA MÈMOIRE

DE MON EXCELLENTE MÈRE

ANNE-MARIE E***.

SAINTE ANNE, *consolatrice des affligés,* pourrais-je l'oublier jamais! c'est à l'ombre de votre sanctuaire qu'une voix amie et compatissante m'annonça que j'étais orphelin. Hélas! depuis dix-sept ans, beaucoup d'autres pertes, plus ou moins douloureuses, ont rouvert cette première et plus profonde blessure que la mort venait de faire à mon cœur. Dans ces cruelles épreuves, je n'ai point élevé en vain vers vous mon âme en peine... Soyez mille fois bénie et priez pour nous, maintenant et toujours.

O vous, pieux lecteurs, qui n'auriez plus ici-bas ni père ni mère; vous surtout qui auriez été aussi privés de leur dernière bénédiction, vous saurez compatir aux maux que vous avez soufferts; et vous pardonnerez à ma piété filiale de recommander à vos prières ces chers défunts. Je rendrai la même charité devant Dieu à tous ceux que vous pleurez.

L'abbé J. M. Bécel,

Missionnaire apostolique.

Amboise, ce 1er août 1860.

DISCOURS

PRONONCÉ A L'OCCASION

DE LA FÊTE DE SAINTE ANNE

Mes frères, si, par un miracle de sa toute-puissance et de son inépuisable miséricorde, Jésus visitait aujourd'hui votre cité, dans le simple appareil où il entrait, il y a dix-huit siècles, à Jérusalem, quel accueil y recevrait-il? Vous verrait-on *étendre sous ses pas vos vêtements?* Vous entendrait-on, empressés de lui faire cortége, crier avec enthousiasme et reconnaissance : *Béni soit celui qui vient au nom du Seigneur?* Hélas! n'a-t-il point quelquefois traversé, comme un étranger indigne de votre considération, vos rues et vos places publiques? A la vue de cet excès d'indifférence et d'ingratitude, au souvenir de ses bénédictions méprisées, n'a-t-il point pleuré sur vous et sur vos enfants? Dans sa douleur, ne vous a-t-il point adressé les mêmes avertissements qu'à Jérusalem : *Ah! si du moins, en ce jour qui t'est encore donné, tu savais ce qui peut te procurer la paix! Mais tout cela est maintenant caché à tes yeux.* En scrutant le cœur et les reins du petit nombre d'adorateurs prosternés dans le temple, n'aurait-il point même aperçu, avec amertume, des âmes vénales qui n'avaient nul souci de s'élever vers Dieu, pour lui rendre leurs hommages et lui exposer leurs besoins spirituels; mais qui plutôt y continuaient un trafic indigne de ce lieu saint, et peut-être un commerce infâme, en présence du saint autel qu'environnaient les anges, et où la divine victime renouvelait d'une manière non sanglante son auguste sacrifice?

Telles sont, mes frères, les graves et tristes réflexions que m'inspirerait l'évangile que vous venez d'entendre (1). J'ai plus d'un motif pour ne pas en faire l'objet de votre attention. Combien ne m'est-il pas plus agréable de vous convier à un pèlerinage qui me rappellera de doux souvenirs, en même temps qu'il édifiera singulièrement votre piété ! Aussi bien il vous apprendra que, grâce au ciel et à ses glorieux habitants, la maison du Père éternel n'est pas partout méconnue ou profanée, mais qu'à certains points de l'espace et du temps, elle est restée, ce que Dieu l'a faite, *une maison de prières,* toujours fertile en miracles.

Depuis plusieurs mois, la voix de votre bien-aimé pasteur rassemble ici les membres d'une nouvelle archiconfrérie, déjà bénie de Dieu (2). J'aime à le croire, à l'heure marquée par la Providence, elle portera des fruits abondants de persévé-

(1) Évangile du IX Dim. après la Pentecôte ; ch. XIX, v. 41-47 de S. Luc.

(2) L'*Archiconfrérie des Mères chrétiennes.*

rance et de conversion, bien doux au cœur de plus d'une Monique qui sèment aujourd'hui dans les larmes et la prière ce que de chers Augustins moissonneront demain, il faut l'espérer et le demander, dans la joie du repentir, du retour à Dieu, de l'innocence et de son noble orgueil. Votre dernière réunion, mères chrétiennes, s'est opérée sous les auspices d'une de vos sœurs aînées et privilégiées dans l'ordre de la nature et dans celui de la grâce. Sainte Anne, en effet, descendait des rois de Juda, et devait avoir l'incomparable honneur d'être l'aïeule du Roi des rois.

Il ne saurait entrer dans mes vues de vous faire, d'après la tradition, l'histoire de cette glorieuse fille de Jessé, racine bénie et miraculeuse qui a poussé une tige *pleine de grâce,* sur laquelle devait s'épanouir, pour le salut d'Israël et de tout le peuple chrétien, Juifs et Gentils, *la Rose mystique* d'une inviolable virginité, unie à la maternité divine. Je me propose de vous conduire, pour obéir à une émotion que je serais heureux de vous communiquer, dans uns des plus antiques et des plus vénérés sanctuaires élevés à la gloire du modèle des mères et de toutes les femmes chrétiennes.

I

Partons donc, chers frères, et hâtons-nous d'atteindre, en esprit et en vérité, le but de notre voyage. Souvenons-nous bien que nous voyageons en pèlerius et non pas en touristes. Que tous les prodiges de la nature et de l'industrie humaine ne ralentissent point notre marche empressée. Laissons sans regret derrière nous les rives riantes et pittoresques du fleuve qui baigne vos murs et fertilise vos campagnes, quand il n'y sème pas la désolation et la mort, pour nous rappeler ce que nous oublions si facilement, à savoir que le Créateur et souverain Seigneur de toutes choses peut se venger, quand il lui plaît, et dès la vie présente, du mépris de sa pauvre créature. Nous traversons, sans y prendre garde, plusieurs cités populeuses et dignes d'intérêt... Nous voilà sur un pont des plus hardis, que le génie de l'homme a jeté et suspendu au-dessus d'un abîme. Chemin faisant, nous pourrions admirer mille contrastes frappants et curieux, qui racontent diversement la gloire de Celui qui fit le monde et le remplit de *septante fois sept merveilles*. Élevons plus haut nos esprits et nos cœurs! En ce beau jour de fête, nous n'aspirons qu'à pénétrer les secrets du monde supérieur.

Regardez plutôt à l'horizon! Voyez-vous cette tour qui s'élève majestueusement vers le ciel, comme pour nous en montrer le chemin! Écoutez cette voix mystérieuse qui, dans le silence des créatures, crie aux pauvres pèlerins : « Courage! c'est ici, c'est ici que vous vous reposerez de vos fatigues, et que vous sècherez, pour un moment, vos pleurs : ou du moins vous n'y répandrez que les larmes de la pénitence, de la reconnaissance et d'une sainte joie ; or, celles-là sont douces et désirables. Ici, vous recouvrerez la santé de l'âme et du corps... C'est l'asile de l'espérance et de la paix ! »

En effet, mes frères, ce phare d'une autre sorte indique et domine le Hâvre de Grâce où je veux avoir l'honneur de vous introduire. Nous nous réjouirons d'y recevoir ensemble quelques inspirations célestes, qui nous feront regretter le passé, nous consoleront du présent, et nous animeront pour l'avenir de sentiments moins indignes du caractère sacré que nous porterons au ciel ou dans l'enfer.

Mais auparavant, recueillons-nous plus profondément encore, et laissez-moi vous dire que nous allons fouler la cendre des morts. Le navrant souvenir que je me fais un devoir de rappeler à vos cœurs compatissants, est bien propre à préparer nos âmes aux plus graves et plus salutaires méditations. Sachez donc que nous traversons un champ à jamais sacré, depuis qu'il a été le théâtre d'un horrible massacre. Il me semble que j'entends passer dans les roseaux qui croissent sur ces rivages tristes et déserts, le dernier soupir des nombreux et généreux martyrs qui tombèrent là, en un jour de sinistre mémoire, fidèles à leur Dieu et à leur roi, victimes innocentes des plus mauvaises passions et de la plus noire perfidie... Demandez au pâtre de la vallée le nom de cette vaste plage marécageuse, que l'Océan vient baigner deux fois le jour, comme s'il voulait purifier encore et laver sans fin cette terre désolée qui a bu le sang du plus religieux patriotisme. Et ce pauvre enfant, qui n'a vu de sa vie que ses bruyères et son clocher, qui ne connaît guère que sa paroisse et son vénéré pasteur, vous répondra, sans trop savoir ce qu'il dit : *C'est la prairie des Martyrs !* Et si vous ne voulez pas ajouter foi à ce témoignage plein de naïveté, dirigez-vous vers le petit temple grec que vous pouvez apercevoir à quelques pas de là, dans un bosquet d'arbres verts. Si vos yeux noyés dans les larmes de la plus juste condoléance peuvent distinguer les caractères gravés sur le frontispice de ce monument funèbre, lisez cette courte mais trop significative inscription : HIC CECIDERUNT! Oui, c'est là qu'ils tombèrent, sans peur ni reproche, ces intrépides mais impuissants défenseurs de l'autel et du trône! Et la France en deuil, pour consoler sa douleur et reconnaître le dévouement héroïque de la fleur de sa noblesse, a élevé ce modeste mausolée. Il redira aux siècles à venir qu'aux plus mauvais jours de son histoire, tous ses enfants ne furent pas des lâches, des traîtres et des bourreaux... C'est la traduction trop peu éloquente de cette autre inscription qui décore le portique d'une chapelle sépulcrale que le voyageur visite un peu plus loin, sous l'impression des mêmes sentiments de la plus sainte indignation, tempérée par la soumission à la volonté de Dieu : GALLIA MŒRENS POSUIT. Et si quelque chose peut réconforter son âme en peine, c'est cette promesse d'immortalité qui semble dévorer le granit de la chapelle expiatoire : IN MEMORIA ÆTERNA ERUNT JUSTI! Oui, elle sera éternelle, la mémoire de ceux qui ont souffert persécution et qui sont morts pour la justice.

II

Et maintenant, mes frères, avançons en silence et pénétrés d'un saint respect. Un sentier montant, rocailleux, malaisé, conduit, à travers quelques champs incultes, à une longue et imposante avenue, bordée de peupliers, qui aboutit à une vaste place ombragée de vieux arbres. A votre gauche, vous avez la fontaine miraculeuse consacrée par la première apparition de la glorieuse sainte Anne. L'humble source se perdait autrefois sous d'épais buissons ; elle a été transformée en une magnifique piscine construite en pierres de taille. Les bassins sont au nombre de trois, dont le dernier baigne le piédestal qui porte la statue de la sainte. Sur cette place s'ouvre la rue des vendeurs d'objets de dévotion et de souvenirs du pèlerinage. Il en est sans doute qui, dans leur âpreté pour le gain, changeraient volontiers, comme au temps du Christ, *la maison de prières en une caverne de voleurs*. Entrons, par une des trois portes que nous avons devant nous, dans la cour de la chapelle, tracée de manière à présenter un majestueux ensemble. Au milieu, s'avance l'église, adossée au vieux couvent, devenu une pépinière de jeunes et intéressants disciples qui se forment aux lettres et aux sciences, sous la sage direction de maîtres pleins de piété, de savoir et de dévouement, et qui étudient de longue main leur vocation sous la garde de celle qu'ils appellent la *gloire des prêtres et des lévites*. Ces galeries, à moitié détruites, qui dessinent les flancs de la cour, étaient destinées à abriter les pèlerins. Elles viennent se rejoindre par deux longs escaliers, au-dessus des trois portes d'entrée. Là s'élève un autel imposant, qu'une large arcade fait apparaître sous une élégante coupole. Il y a trois jours, le saint sacrifice y était offert, dès l'aurore, et pouvait être entendu de quinze à vingt mille pèlerins, prosternés dans le plus religieux silence. C'est un spectacle qui ne se décrit pas. Il faut y prendre part et le contempler, avec admiration, de l'œil de la foi. La tour que nous apercevions de loin, n'est attachée au reste de l'édifice que par une voûte latérale, qui permet aux pèlerins de passer derrière la chapelle et d'aller prier au pied du calvaire élevé au milieu du cloître intérieur.

Si nous fussions arrivés quelques jours plus tôt à ce pieux rendez-vous, nous eussions vu des milliers d'hommes et de femmes, de tous les âges, de toutes les conditions, venus pour la plupart de fort loin. Ils ne portaient pas le même costume et ne parlaient pas la même langue, mais se confondaient dans la même dévotion, en rendant leurs devoirs et en exposant leurs nécessités corporelles et spirituelles à leur douce et puissante protectrice. Cependant, cette foule immense, si imposante et si éloquente qu'elle fût, aurait pu troubler notre piété. Aujourd'hui il nous sera moins difficile d'approcher de la sainte image et de vénérer les reliques de sainte Anne. Nous recueillerons les mêmes fruits de grâce; nous éprouverons d'aussi salutaires émotions, sans nous exposer aux mêmes distractions. D'ailleurs, n'est-elle pas bien respectable encore cette multitude de pèlerins qui arrivent, passent, repassent et disparaissent, pour faire place à de nouveaux venus. Étudiez leur attitude, leurs marches et leurs contre-marches; essayez de pénétrer leurs pensées et leurs sentiments. Quelle foi! Quelle espérance! Quelle dévotion !

Voyez approcher ces deux hommes, jeunes encore. Nés sur les bords de l'Océan, ils en ont sans doute connu les dangers. Et si aujourd'hui ils ont l'humilité de marcher nu-pieds, pour honorer celle qu'ils savent être *le port de salut des navigateurs,* c'est qu'ils accomplissent un vœu qui leur rappelle un terrible coup de mer, où ils devaient périr corps et biens. D'une main, ils portent un petit cierge, symbole de la charité qui embrase leur cœur reconnaissant : et de cette autre main, habituée à un tout autre service, ils roulent entre leurs doigts émus un chapelet, qu'ils tiennent peut-être du vieux prêtre qui leur ouvrit la sainte carrière du chrétien; peut-être aussi le gardent-ils comme une précieuse relique d'une mère vénérable qui leur dit, en les voyant partir pour de périlleuses traversées : « O mon fils, je t'en conjure, n'oublie pas que la bonne sainte Vierge est l'*Étoile de la mer*. Salue-la chaque jour, autant de fois qu'il y a de grains à ce chapelet bénit. Elle t'obtiendra de revoir ta vieille mère, qui mourra contente, après avoir embrassé une fois encore ce qu'elle a de plus cher au monde, et t'avoir pressé amoureusement sur ce sein palpitant qui nourrit ton enfance. »

Toujours est-il, mes frères, que voilà deux rudes et fervents chrétiens, qui ne paraissent pas porter dans leur grande âme une petite vertu. Tous les esprits-forts qui courent et désolent le monde, peuvent bien ne pas comprendre cette foi toute patriarcale. Je le veux! Que du moins ils apprennent à la respecter. Qu'ils sachent que ces humbles croyants ont leur fierté, qu'ils montreraient à l'occasion. Mais ne brille-t-elle pas suffisamment dans le feu de leurs regards, obscurcis par les larmes de la reconnaissance et de l'invocation? N'oublions pas que ces dévoués partisans de la liberté des enfants de Dieu, trop rares de nos jours et dans nos contrées, où pousse et croît merveilleusement la mauvaise herbe d'une suffisance marquée au coin de la servilité, n'ont pas seulement la force de remplir les engagements de leur baptême et de sanctifier leur vie; mais qu'ils ont porté haut et ferme devant les hommes le drapeau de l'honneur, et qu'ils ont fait respecter sur les plus lointains rivages le pavillon de la mère-patrie.

« Quelle leçon, me disait, à ce propos, il n'y a pas longtemps, un pèlerin de Sainte-Anne d'Auray, homme d'esprit et de cœur, mais esclave encore, sans l'avouer, de cette triste chose qu'on appelle le respect humain ! Moi, tout fier de la supériorité de ma position sociale et de mon savoir, je voyais ces plus humbles chrétiens se prosterner devant l'image de leur patronne, *faire leur voyage* autour de la chapelle et du vieux cloître, descendre de là vers la fontaine, pour y faire leurs ablutions. Absorbés par leur dévotion, ils s'agenouillaient, puis se relevaient, priant sans cesse. Je les considérais d'un air distrait et curieux. Impossible de surprendre en eux le moindre mouvement de distraction ou de curiosité. Ils accomplissaient leur vœu; ils rendaient grâces et demandaient de nouvelles faveurs: ils s'humiliaient; ils adoraient en silence et avec amour; ils étaient heureux! Moi, j'étais trop orgueilleux et trop aveugle alors pour envier ce bonheur; mais je le respectais et l'admirais. Ce contraste, dont je n'ai pas lieu de me glorifier, me rappelle ces paroles de l'Évangile : *Celui qui s'abaisse sera élevé*... En effet, ces hommes du peuple, si grands aux yeux de Dieu, je les sentais grandir dans mon estime, j'aurais voulu partager leur foi et le quiétisme qui en était la conséquence. »

III

Il me tarde, mes frères, de vous ouvrir la porte du temple. Franchissez ce seuil usé par les pas de plusieurs générations. Quel imposant spectacle va s'offrir à votre religieuse curiosité! En vain chercheriez-vous sous ces voûtes séculaires tous les chefs-d'œuvre qui décorent tant d'autres monuments de la foi de nos pères. Ici, tout est simple, mais d'une simplicité pleine de mystérieux secrets, qui parle au cœur et commande l'admiration. Les pierres elles-mêmes semblent parler. Ce qui frappe tout d'abord, ce qui écrase, ce qui ravit et transporte, ce sont ces marbres, ces toiles, ces petits navires en miniature, suspendus comme des lustres au milieu de la nef, tous ces *ex-voto* dont la piété de plusieurs siècles a couvert et embelli les murs, en témoignage de sa gratitude et de son amour pour la patronne du pays... C'est encore l'aspect sévère de l'autel vénéré, où se conserve la statue miraculeuse, à peu près à l'endroit où elle fut découverte, au commencement du dix-septième siècle, et où l'on vénère les reliques de la sainte. Et cette foule toujours croissante de pèlerins, qui passent, après s'être prosternés dans le plus profond recueillement, que dit-elle à votre âme attendrie ?

Regardez cet homme qui s'éloigne à pas lents, comme s'il doutait de son bonheur. Il raconte à qui veut l'entendre qu'il avait perdu depuis long-temps l'usage de ses jambes. Ce pauvre perclus a senti renaître inopinément la vigueur et la souplesse dans ses membres, qui ne lui étaient plus qu'un fardeau embarrassant et douloureux. Le voyez-vous qui marche librement et au comble de la joie, après avoir déposé aux pieds de sa bienfaitrice, pour preuve de sa guérison miraculeuse, ses appuis chancelants...!

Ah! s'il nous était permis d'interroger tous ces témoins vivants et parlants, qui se succèdent et se pressent dans cette enceinte sacrée! Quel concert de louanges, d'invocations, de remercîments, et d'offrandes, n'entendrions-nous pas en l'honneur de la glorieuse et puissante protectrice de cette vaste et religieuse province qui, grâce à Dieu, n'a pas encore trop démérité de sa vénérée patronne!

L'un répondrait: « Pauvre matelot, perdu

dans l'immensité, la tempête allait m'engloutir dans les flots courroucés, qui bondissaient jusqu'aux nues en montagnes écumantes. Déjà l'abîme entr'ouvert offrait à mes yeux égarés l'image affreuse d'un insondable tombeau... J'élevai les regards de mon âme vers la bienheureuse sainte Anne, lui disant, avec la plus juste confiance : *Port de salut des navigateurs, priez pour moi !...* Et me voici, pénétré de la plus vive reconnaissance, au pied de cet autel. »

« La fièvre me dévorait sur la couche de ma douleur, me répondrait cet autre pèlerin attendri ; les médecins avaient épuisé toutes les ressources de leur art.... Humainement, mes jours étaient comptés. J'avais offert à Dieu le sacrifice de ma vie, lorsque je fis vœu de venir, s'il plaisait au ciel de me rendre la santé, visiter ce lieu de tout temps fertile en miracles, et où ma vieille mère me recommanda toujours de porter mes craintes et mes espérances, mes peines et mes joies... Vous me trouvez fidèle à ma parole, devant l'image bénie de ma tendre et puissante auxiliatrice. J'ai déposé à ses pieds, avec l'obole de ma prière, un témoignage matériel, qui perpétuera le souvenir de la grâce que Dieu m'a faite en me rappelant des portes du tombeau. »

Quel est ce jeune homme dont les yeux pleins de larmes ne peuvent se détacher de la statue miraculeuse ? Approchez, il vous dira : « Il y a dix ans qu'une affreuse maladie avait rendu muet pour moi le spectacle de la nature, et que les cieux ne me racontaient plus la gloire, la bonté, la puissance et la magnificence de Celui qui se plut à allumer tous les feux de la nuit et du jour. La science n'avait pu réparer cette perte cruelle. Plein de confiance en Celui qui peut toujours rendre la vue aux aveugles, je suis venu, guidé par une main amie, dans ce sanctuaire béni..... J'ai vu la sainte image... Par la grâce de Dieu, ma foi a vaincu les ténèbres... Bénissons le Tout-puissant, qui a daigné opérer en moi de si grandes choses! »

Et vous, femme au visage rayonnant de joie, si votre cœur bondit ainsi de reconnaissance envers la sainte protectrice que vous avez choisie auprès de Dieu, c'est sans doute que, par son intercession puissante et empressée, un époux bien-aimé a été conservé à votre amour, un enfant chéri, peut-être l'enfant de votre plus grande douleur, a été délivré des étreintes de la mort! Ah! je comprends votre émotion, je partage votre bonheur, j'admire votre gratitude! Puisse sainte Anne éloigner de votre paisible foyer de si cruelles alarmes!

Et cette jeune fille au front calme mais déjà pensif, au maintien tout angélique, et d'après lequel pourrait se modeler la statue de l'innocence et de la charité, quelle est-elle? d'où vient-elle? où va-t-elle? que demande-t-elle à sainte Anne, en versant de si douces larmes, qui ajoutent encore à toute la distinction de sa personne? Peu importe son nom, sa famille et le lieu de sa naissance. Toutes ces douces choses, elle médite de les sacrifier bientôt... Elle y est décidée... Seulement elle supplie sa glorieuse patronne de lui montrer la voie où elle doit marcher pour la plus grande gloire de Dieu. Sans doute qu'elle demande aussi à sainte Anne, qui saura compatir aux regrets qu'elle endura, lors de la présentation de Marie au temple, de rendre moins cruelle au cœur d'une mère chérie une séparation prochaine, contre laquelle la nature fera des réclamations qu'il faut ménager et respecter. Ce cœur de 15 à 20 ans n'a point connu les orages de la vie ; mais son bon Ange l'a mis en garde contre les séductions de l'enfer et du monde et contre ses propres illusions, qui pourraient être suivies des brusques et déchirants retours des choses d'ici-bas : il lui a communiqué une étincelle de ce feu sacré qui éclaire et réchauffe notre vieux monde, si ténébreux et si froid. Saluez avec respect cette enfant de bénédiction, de consolation, d'espérance et de paix ! Que la plus noble sympathie, qu'une amitié sainte, qu'une reconnaissance anticipée pénètre vos âmes attendries d'un spectacle si édifiant et non moins mystérieux. Cette jeune fille, la voilà qui se retire avec une rare et gracieuse modestie. Regardez-la bien. Peut-être qu'un jour qui n'est pas loin, vous la reverrez... Mais, en ce temps-là, elle portera l'habit religieux... Elle ne vous dira point son nom, mais seulement celui de la patronne qu'elle aura choisie dans le ciel... Vous la retrouverez toujours bonne, pieuse, humble, charitable, dévouée jusqu'au sacrifice de sa vie. Cette nouvelle providence terrestre aura dit adieu à son pays, à ses amis, à ses parents, à sa mère affligée, quoique soumise à la volonté du Ciel. Après les douces épreuves du noviciat, où la charité s'épure, comme dans le creuset l'or se dégage de tout alliage, on lui aura commandé de venir vers vous, de qui elle n'avait peut-être jamais entendu parler. En vertu de la sainte obéissance, elle sera partie, vous aimant déjà sans vous connaître, heureuse d'accomplir, à votre avantage, toutes les œuvres de miséricorde corporelle et spirituelle. Elle consolera votre affliction ; elle pansera toutes les plaies de votre corps et de votre âme dans vos hospices; elle visitera et soulagera vos pauvres à domicile; elle surveillera et instruira vos enfants dans vos salles d'asile et dans vos écoles ; elle assistera vos malades au chevet de leurs souffrance et de leur agonie ; et, même si vous le permettez, elle vous aidera à ensevelir vos morts... Je ne serais pas étonné qu'un jour vous la vissiez suivre seule le convoi funèbre d'un autre samaritain... Elle se fera *toute à tous*, pour l'amour de Dieu et du prochain. Elle passera au milieu de vous, pleine de pureté, de grâce et de générosité, en faisant tout le bien possible à des frères qu'elle ignorait hier, qu'elle soulage et qu'elle aime aujourd'hui, pour rendre demain les mêmes soins désintéressés et délicats à d'autres *membres souffrants* du divin Maître.

Je n'ai pas tout dit, mes frères : bien

s'en faut ! Ce serait mal reconnaître la religieuse attention dont je vous félicite et vous remercie, que de prolonger cette pieuse inquisition, si consolante qu'elle soit. Du reste, j'essayerais en vain d'interpréter tous les sentiments que respire l'attitude de ces innombrables pèlerins....

Je vous laisse donc, avec confiance, aux pieds de cette aimable et généreuse protectrice. Jetez un dernier regard sur l'image qui la représente; baisez pieusement ses saintes reliques. Prosternez-vous une fois encore sur ces vieilles dalles, qui me paraissent tout humides des torrents de larmes dont elles ont été arrosées. Vous aussi, versez-y vos larmes avec vos prières. Demandez, avec humilité, pureté d'intention. confiance et persévérance, au nom de Jésus-Christ, et par l'intercession de sa glorieuse aïeule... et vous recevrez, en proportion de vos misères spirituelles et corporelles, comme aussi en raison de votre foi, de votre espérance et de votre amour.

A votre retour au foyer domestique, vous raconterez, avec une émotion que partageront vos enfants et les enfants de vos enfants, les prodiges que les yeux de votre âme auront vus, et que votre cœur aura compris et admirés... Et, jusqu'à votre dernier soupir, vous inviterez souvent ceux que vous aimez d'un amour de prédilection, à répéter, dans leurs joies et leurs peines, dans leurs craintes et leurs espérances, à la vie et à la mort, l'invocation qui mettra fin à ce discours, et sera le signal de notre séparation :

Sainte Anne, Mère de la Vierge Marie, Aïeule de Jésus Sauveur, Auxiliatrice de tous ceux qui crient vers vous, Intercédez pour nous ! Ainsi soit-il.	Sancta Anna, Mater Mariæ Virginis, Ava Christi Salvatoris, Auxiliatrix omnium ad te clamantium, Intercede pro nobis ! Amen.

CURIEUX DÉTAILS

SUR LES RELIQUES DE SAINTE ANNE, MÈRE DE LA SAINTE VIERGE (1).

Le corps de sainte Anne, mère de la très-sainte Vierge Marie, repose dans l'ancienne cathédrale d'Apt (Vaucluse), depuis le premier siècle de l'Église.

Les saintes reliques apportées d'Orient furent confiées par saint Lazare et sainte Magdeleine à saint Auspice, premier évêque d'Apt, disciple du pape saint Clément.

Dans les siècles de persécution, les reliques furent religieusement déposées dans une crypte où elles demeurèrent ignorées pendant l'irruption des Saxons,

(1) Nous empruntons ces détails à la *Revue des Bibliothèques paroissiales*, qui se publie à Avignon, et que nous sommes heureux de recommander, puisque l'occasion s'en présente, à toutes les personnes qui ont à cœur la propagation des bons livres.

des Lombards, des Sarrasins, jusqu'au règne de Charlemagne.

Ce fut en présence de ce prince et de Turpin, archevêque de Reims, son aumônier, que fut révélé le précieux dépôt en 776, par un miracle éclatant qui donna la vue, l'ouïe, la parole à Jean, jeune fils du baron de Cazeneuve. Ce fut ce jeune enfant, saintement inspiré, qui désigna le lieu où se trouvaient cachées les saintes reliques.

Le sanctuaire de Sainte-Anne devint dès lors célèbre dans le monde chrétien; Charlemagne conserva toute sa vie une dévotion toute particulière à sainte Anne.

Les personnages les plus éminents par leur puissance et leur haute dignité sont venus déposer aux pieds de sainte Anne l'hommage de leur dévouement et de leur profond respect.

Sa Sainteté le pape Urbain II, en 1096; Urbain V, en 1365; la reine Jeanne, comtesse de Provence, reine de Naples, et son royal époux, Jacques d'Aragon, de

1373 à 1376; Louis II, comte de Provence, roi de Naples, et sa mère, Marie de Blois, en 1386, ont accompli le pèlerinage de Sainte-Anne.

René d'Anjou, le souverain toujours bien-aimé de la Provence, comte du pays, roi de Naples, daigna confirmer les priviléges du chapitre d'Apt, en considération de ce qu'il était dépositaire des reliques de sainte Anne. Les lettres patentes données par ce prince sont sous la date de 1445.

François Ier, roi de France, vint témoigner sa dévotion à sainte Anne, en 1527.

Anne d'Autriche, reine de France, se rendit en mars 1660 au tombeau de son auguste patronne; elle y accomplit ses vœux, entourée de sa cour.

Les papes Benoît XII, Innocent VI, Benoît XIII, Martin V, Alexandre VI, Clément VII, Paul III, Clément VIII, ont accordé des indulgences aux fidèles qui accomplissaient leur dévotion au tombeau de l'aïeule du Christ dont les reliques reposent dans la cathédrale de Sainte-Anne d'Apt, depuis le premier siècle de l'Église.

L'antique abbaye de l'île Barbe, près Lyon, fondée par Charlemagne, s'honore de posséder des reliques données par ce prince.

Des parcelles des reliques de sainte Anne sont déposées dans quelques sanctuaires ; elles furent données par l'église d'Apt.

L'antique abbaye d'Orcamp, près de Noyon, possède l'une de ces parcelles. Le titre authentique, en date de 1496, porte que l'abbaye la tient de l'église d'Apt. Il en est ainsi des reliques conservées à Ancône, à Naples, à Bologne, à Florence et dans d'autres églises.

La reine Anne d'Autriche reçut en 1623, sur sa demande, la pointe de l'os de l'un des doigts de sa sainte patronne ; la députation qui se rendit à Paris pour en faire la remise était composée du prévôt du Chapitre et des principales autorités du pays. Cette relique fut divisée dans le temps en trois parcelles.

L'une d'elles fut remise à la présidente de Bailleul, qui la donna à la mère Eugénie de Fontaine, religieuse à la Visitation, rue Saint-Antoine, à Paris.

La seconde fut donnée à l'église de Sainte-Anne d'Auray, dont le pèlerinage est devenu si célèbre.

La troisième fut donnée aux religieux Prémontrés établis, en 1662, au quartier Saint-Germain des Prés; ils furent de là appelés religieux de Sainte-Anne.

On garde à l'église des lettres patentes revêtues de la signature du roi Louis XIII, du 12 août 1623, ordonnant à l'évêque, aux prévôt, chanoines et Chapitre d'Apt, de remettre à l'aumônier qu'il leur députe, une portion des reliques de sainte Anne, pour satisfaire la dévotion de la reine, sa femme.

La lettre de remercîment que la reine daigna adresser à la ville est en date du 10 novembre 1623.

Le roi Louis XIV, par ordonnance du 14 mai 1713, enjoignit au Chapitre de remettre une parcelle des reliques de sainte Anne au grand-duc de Toscane.

Les murs de la chapelle sont couverts de tableaux votifs exprimant la dévotion et la reconnaissance des fidèles.

PETIT OFFICE

DE

SAINTE ANNE

PETIT OFFICE

DE

SAINTE ANNE

Alexandre VI autorisa ce *petit Office* et l'enrichit d'une indulgence de cent jours ; Clément VIII attacha à sa récitation une nouvelle indulgence de trente jours. Il a été imprimé en France d'après l'exemplaire que Marie de Médicis reçut du souverain Pontife.

A MATINES.

L'illustre racine de Jessé a poussé une tige gracieuse, sur laquelle s'est épanouie une fleur : la racine est Anne, la Mère de Dieu est la tige, la fleur est Jésus-Christ.

℣. Seigneur, vous ouvrirez mes lèvres, et ma bouche annoncera vos louanges.

℣. O Dieu, venez à mon aide : Seigneur, hâtez-vous de me secourir.

INCLYTA stirps Jesse virgam produxit amœnam, de qua processit flos : stirps est Anna, Dei Genitrix est virga, flos est Jesus Christus.

℣. Domine, labia mea aperies : et os meum annuntiabit laudem tuam.

℣. Deus, in adjutorium meum intende : Domine, ad adjuvandum me festina.

Gloria Patri, et Filio, et Spiritui sancto: Sicut erat in principio, et nunc, et semper, et in sæcula sæculorum. Amen.

Gloire au Père, et au Fils, et au Saint-Esprit : comme c'était dès le commencement, et maintenant, et toujours, et dans les siècles des siècles. Ainsi soit-il.

Alleluia, *ou* : Laus tibi, Domine, Rex æternæ gloriæ.

Alleluia, *ou* : Louange à vous, Seigneur, Roi de l'éternelle gloire.

HYMNUS.

GAUDE, Mater Matris Christi,
Quæ per aurem applausisti
Dei Patris nuntio.
Gaude, quia concepisti,
Sterilis quæ cum fuisti
Joachim conjugio.
Gaude, quia tua Nata
In te clausa, sit mundata
Parentelæ vitio.
Gaude, quia vas virtutis
Peperistique salutis
Castitatis filiam.

Gaude, quia stellam mundii
Atque ce lam Regis summi

HYMNE.

Réjouissez-vous, Mère de la Mère du Christ, qui avez accueilli avec complaisance le message de Dieu le Père.

Réjouissez-vous, parce que vous avez conçu, après avoir vécu stérile auprès de Joachim votre époux.

Réjouissez-vous, parce que votre Fille, renfermée dans votre sein, fut exempte du péché originel.

Réjouissez-vous, parce que vous avez mis au monde une fille qui est comme un vase plein de vertus, de grâces et de chasteté.

Réjouissez-vous, parce que vous avez eu le bonheur d'allaiter celle qui sera l'étoile du monde et le tabernacle du souverain Roi.

Que par elle il nous soit donné à jamais de voir Dieu face à face dans les clartés de l'éternelle gloire.

Ainsi soit-il.

℣. Priez pour nous, bienheureuse Anne ;

℟. Afin que nous soyons délivrés de tous les maux.

Lactasti cum gaudio.

Per quam luce vultus sui
Nobis semper detur frui
In perenni gloria.

Amen.

℣. Ora pro nobis, beata Anna ;

℟. Ut liberemur ab omnibus malis.

Prions.

O Dieu, qui avez daigné accorder à la bienheureuse Anne assez de grâces pour qu'elle méritât de porter dans son sein la bienheureuse Marie, votre Mère ; donnez-nous, par l'intercession de la Mère et de la Fille, l'abondance de votre miséricorde ; afin que, par les prières et les mérites de celles dont la mémoire nous inspire une amoureuse piété, nous obtenions de parvenir à la céleste Jérusalem. Par le même Jésus-Christ Notre-Seigneur.

Ainsi soit-il.

Oremus.

Deus, qui beatæ Annæ tantam gratiam donare dignatus es, ut beatam Mariam, Matrem tuam, in utero suo portare mereretur : da nobis, per intercessionem Matris et Filiæ, tuæ propitiationis abundantiam ; ut, quarum memoriam pio amplectimur amore, earum precibus et meritis ad cœlestem Jerusalem pervenire mereamur. Per eumdem Christum Dominum nostrum.

Amen.

A PRIME.

Deus, in adjutorium, etc.

Gloria Patri, etc.

O Dieu, venez à mon secours, etc.

Gloire au Père, etc.

HYMNUS.

ANNA, Jesse radix
egregia,
Omni micans virtute
prævia ;
De te Virgo processit
regia :
Regi regum nos reconcilia.

℣. Anna, Mater Matris Christi,

℟. Spem auge, quam concepisti.

HYMNE.

Anne, glorieux rejeton de Jessé, l'éclat de toutes les vertus a rayonné sur vous dès l'âge le plus tendre ; de vous la Vierge est née pour être Reine ; réconciliez-nous avec le Roi des rois.

℣. Anne, Mère de la Mère du Christ ;

℟. Augmentez l'espérance qui nous est venue par vous.

Oremus.

DEUS, qui beatam Annam dilectæ Genitricis tuæ matrem egregiam ad cœlestis vitæ elevasti gaudia : concede propitius, ut ipsius intercessione ad æterna gaudia pervenire mereamur. Qui vivis et regnas in sæcula sæculorum.

Amen.

Prions.

O Dieu, qui avez élevé la bienheureuse Anne, mère excellente de votre Mère bien-aimée, aux joies de la vie des cieux, accordez-nous dans votre bonté de mériter de parvenir, par son intercession, aux éternelles joies. Vous qui vivez et régnez dans les siècles des siècles.

Ainsi soit-il.

A TIERCE.

O Dieu, venez à mon secours, etc.
Gloire au Père, etc.

Deus, in adjutorium, etc.
Gloria Patri, etc.

HYMNE.

L'illustre racine de Jessé a poussé une tige, sur laquelle une fleur s'est épanouie qui répand une admirable odeur : la Vierge, Mère de Dieu, est la fleur sortie de cette tige.

℣. Priez pour nous, bienheureuse Anne;

℟. Maintenant, et toujours, et à l'heure de la mort.

HYMNUS.

Inclyta stirps Jesse virgam produxit,
De qua flos processit
Miro plenus odore :
Virgo Dei mater, flos ortus ab illa.

℣. Ora pro nobis, beata Anna.

℟. Nunc, et semper, et in mortis hora.

Prions.

O Dieu, qui avez voulu que la bienheureuse Anne devînt la mère de votre Mère, faites, nous vous en supplions, que, par les mérites de la Mère et de la Fille, nous obtenions auprès de vous une place dans le royaume des cieux. Vous qui vivez et régnez, etc.

Oremus.

Deus, qui beatam Annam matrem tuæ Genitricis fieri voluisti : præsta, quæsumus, ut apud te meritis utriusque, Matris et Filiæ, regna cœlestia consequamur. Qui vivis et regnas, etc.

A SEXTE.

Deus, in adjutorium meum, etc.
Gloria Patri, etc.

O Dieu, venez à mon secours, etc.
Gloire au Père, etc.

HYMNUS.

MATER Matris Redemptoris, Anna nobilissima,
Quæ jam regnas cum Angelis coronata gloria,
Tu nostri memor esto.
Fac, o Anna sanctissima,
Ut possimus perpetuo tua jungi familia.

℣. Cœleste beneficium introivit in Annam;
℟. De qua nata est nobis pia Maria.

HYMNE.

Mère de la Mère du Rédempteur, très-glorieuse Anne, qui maintenant régnez avec les anges, couronnée de gloire, souvenez-vous de nous.

Faites, ô très-sainte Anne, que nous puissions à jamais faire partie de votre famille.

℣. La céleste grâce a pénétré Anne;
℟. De qui nous est née la miséricordieuse Marie.

Oremus.

EXAUDI nos, Deus salutaris noster : ut, sicut de beatæ Annæ commemoratione gaudemus, ita piæ devotionis erudiamur affectu. Per Christum Dominum nostrum.
Amen.

Prions.

Exaucez-nous, ô Dieu, notre salut, afin que, comme nous nous réjouissons du souvenir de la bienheureuse Anne, de même nous ressentions les effets de sa piété et de sa dévotion. Par le Christ Notre-Seigneur.
Ainsi soit-il.

A NONE.

O Dieu, venez à mon secours, etc.

Gloire au Père, etc.

HYMNE.

Anne, pieuse mère, je vous salue, vous dont le nom est si doux : Anne, c'est-à-dire grâce, écoutez nos prières.

℣. Anne, heureuse de la Fille que vous avez mise au monde;

℟. Marie, Fille heureuse d'une pareille origine.

Prions.

Accordez-nous, nous vous en supplions, ô Dieu tout-puissant, à nous qui nous réjouissons de faire mémoire de la bienheureuse Anne, mère de Marie, de ressentir toujours sa protection. Par le Christ Notre-Seigneur.

Ainsi soit-il.

Deus, in adjutorium, etc.

Gloria Patri, etc.

HYMNUS.

Anna, pia mater, ave,
Cujus nomen est suave :
Anna sonans gratiam,
Preces nostras suscipe.

℣. Anna, felix Natæ partu;

℟. Flos est Nata felix ortu.

Oremus.

Da, quæsumus, omnipotens Deus, ut, qui beatæ Annæ matris Mariæ commemoratione lætamur, ejus semper patrocinia sentiamus. Per Christum Dominum nostrum.

Amen.

A VÊPRES.

Deus, in adjutorium, etc.	O Dieu, venez à mon secours, etc.
Gloria Patri, etc.	Gloire au Père, etc.
HYMNUS.	HYMNE.
Ave, Jesse radix floris, Quæ cœlestis dat odoris Perennem fragrantiam.	Je vous salue, racine de Jessé, dont la fleur odorante répand les éternels parfums du ciel.
Ave, parens stellæ maris, Quæ tu Matrem contemplaris Regis regum Filii.	Je vous salue, ô vous qui avez fait briller l'étoile de la mer, vous qui contemplez la Mère du Fils du Roi des rois.
De turbine tempestatis Nos attrahe cum beatis, Et reduc nos exilio.	Du sein des tourbillons orageux attirez-nous avec les bienheureux, et conduisez-nous de l'exil dans la patrie.
Tu quæ sola meruisti Esse mater Matris Christi, Preces nostras suscipe.	Vous qui seule avez mérité d'être la mère de la Mère du Christ, écoutez nos prières.
Tu nos matri atque proli, Regi ac Regiæ proli, Commendare satage.	Empressez-vous de nous recommander à la Mère et à son Fils, au Roi et à la Reine, votre fille.
Amen.	Ainsi soit-il.

Ant. Bénie soit sainte Anne, qui a engendré Marie, par qui nous est apparue l'espérance du salut éternel.

℣. Anne, rendez-nous propice le Fils,

℟. Par l'entremise de sa Mère.

Ant. Benedicta sit sancta Anna, quæ Mariam genuit, per quam nobis spes salutis æternæ apparuit.

℣. Anna, redde propitium,

℟. Per Natam, natum Filium.

Prions.

O Dieu, qui avez daigné accorder à la bienheureuse Anne assez de grâces pour qu'elle méritât de porter dans son sein la bienheureuse Marie, votre Mère; donnez-nous, par l'intercession de la Mère et de la Fille, l'abondance de votre propitiation; afin que, par les prières et les mérites de celles dont le souvenir nous inspire une amoureuse piété, nous obtenions de parvenir à la céleste Jérusalem. Par le même Christ Notre-Seigneur.

Ainsi soit-il.

Oremus.

Deus, qui beatæ Annæ tantam gratiam donare dignatus es, ut beatam Mariam Matrem tuam in utero suo portare mereretur: da nobis, per intercessionem Matris et Filiæ, tuæ propitiationis abundantiam; ut, quarum memoriam pio amplectimur amore, earum precibus et meritis ad cœlestem Jerusalem pervenire mereamur. Per eumdem Christum Dominum nostrum.

Amen.

A COMPLIES.

Converte nos, Deus, salutaris noster, et averte iram tuam a nobis.

Convertissez-nous, ô Dieu, notre salut, et détournez de nous votre colère.

Deus, in adjutorium, etc.

O Dieu, venez à mon secours, etc.

Gloria Patri, etc.

Gloire au Père, etc.

HYMNUS.

ANNA, parens sublimis Dominæ,
Quæ est mater misericordiæ,
Gemma lucens cœlestis curiæ,
Te veneramur amore filiæ.

HYMNE.

Anne, mère de la Reine des cieux, qui est une mère de miséricorde, la perle brillante de la céleste cour, nous vous vénérons, par amour pour votre fille.

℣. Dilexit Dominus sanctam Annam ;

℟. Et amator factus est formæ illius.

℣. Le Seigneur a chéri sainte Anne ;

℟. Il s'est épris de la beauté de son âme.

Oremus.

DEUS, qui beatæ Annæ tantam gratiam conferre dignatus es, ut unigeniti Filii tui mater effici mereretur : concede propitius, ut, cujus com-

Prions.

O Dieu, qui avez daigné conférer à la bienheureuse Anne assez de grâces pour qu'elle méritât de devenir la mère de votre Fils unique ; accordez-nous, dans votre bonté, que celle dont nous honorons la mémoire, soit auprès de vous notre Patronne et notre secours. Par le même Christ Notre-Seigneur. Ainsi soit-il.

memorationem celebramus, ejus apud te patrociniis adjuvemur. Per eumdem Christum Dominum nostrum. Amen.

Antienne à la Vierge.

Je vous salue, pleine de grâce, le Seigneur est avec vous : ayez la bonté d'être avec moi. Vous êtes bénie entre les femmes, et bénie soit sainte Anne, votre mère, par qui vous avez été conçue sans tache et sans péché, ô Vierge Marie ; or, de vous est né Jésus-Christ, Fils du Dieu vivant. Ainsi soit-il.

Antiph. ad Virginem.

Ave, gratia plena, Dominus tecum : tua gratia sit mecum : benedicta tu in mulieribus, et benedicta sit sancta Anna mater tua, ex qua sine macula et peccato processisti, Virgo Maria; ex te autem natus est Jesus Christus Filius Dei vivi. Amen.

Antienne à sainte Anne.

Je vous salue, Mère de la Mère de Dieu, par qui le salut vient aux coupables ; je vous salue, Anne, mère miraculeuse d'une fille que Dieu s'était réservée. Pour tout le peuple fidèle exercez votre zèle auprès du Christ.

Antiph. ad sanctam Annam.

Ave, Mater Matris Dei,
Per quam salvi fiunt rei ;
Ave, prole fœcundata
Anna Deo dedicata ;
Pro fideli plebe tota
Apud Christum sis devota.

LITANIES DE SAINTE ANNE.

Kyrie, eleison. Christe, eleison.	Seigneur, ayez pitié de nous. Jésus - Christ, ayez pitié de nous.
Kyrie, eleison.	Seigneur, ayez pitié de nous.
Christe, audi nos.	Jésus-Christ,écoutez-nous.
Christe, exaudi nos.	Jésus - Christ, exaucez-nous.
Pater de cœlis, Deus, miserere nobis.	Dieu, Père céleste, ayez pitié de nous.
Fili, Redemptor mundi, Deus, miserere nobis.	Dieu Fils, Rédempteur du monde, ayez pitié de nous.
Spiritus sancte, Deus, miserere nobis.	Dieu, Esprit-Saint, ayez pitié de nous.
Sancta Trinitas, unus Deus, miserere nobis.	Sainte Trinité, un seul Dieu, ayez pitié de nous.
Sancta ANNA, ora.	Sainte ANNE, priez.
Sancta Anna, mater Mariæ virginis, ora.	Sainte Anne, mère de la Vierge Marie, priez.
Sancta Anna, sponsa Joachim, ora.	Sainte Anne, épouse de Joachim, priez.
Sancta Anna, socrus Joseph, ora.	Sainte Anne, belle-mère de Joseph, priez.
Sancta Anna, arca Noe, ora.	Sainte Anne, arche de Noé, priez.
Sancta Anna, arca fœderis Domini, ora.	Sainte Anne, arche d'alliance du Seigneur, priez.
Sancta Anna, mons Oreb, ora.	Sainte Anne, mont d'Oreb, priez.
Sancta Anna, radix Jesse, ora.	Sainte Anne, racine de Jessé, priez.

Sainte Anne, arbre qui portez le bon fruit, priez.	Sancta Anna, arbor bona, ora.
Sainte Anne, vigne féconde, priez.	Sancta Anna, vitis fructifera. ora.
Sainte Anne, issue du sang des rois, priez.	Sancta Anna, regali ex progenie orta, ora.
Sainte Anne, joie des Anges, priez.	Sancta Anna, lætitia Angelorum, ora.
Sainte Anne, fille des Patriarches, priez.	Sancta Anna, proles Patriarcharum, ora.
Sainte Anne, oracle des Prophètes, priez.	Sancta Anna, oraculum Prophetarum, o.
Sainte Anne, gloire des Saints et des Saintes, priez.	Sancta Anna, gloria Sanctorum et Sanctarum, ora.
Sainte Anne, gloire des Prêtres et des Lévites, priez.	Sancta Anna, gloria Sacerdotum et Levitarum, ora.
Sainte Anne, nuée qui répandez la rosée du ciel, priez.	Sancta Anna, nubes rorida, ora.
Sainte Anne, nuée d'éclatante blancheur, priez.	Sancta Anna, nubes candida, ora.
Sainte Anne, nuée resplendissante de lumière, pr.	Sancta Anna, nubes clara, ora.
Sainte Anne, vase rempli de grâce, priez.	Sancta Anna, vas plenum gratiæ, ora.
Sainte Anne, miroir d'obéissance, priez.	Sancta Anna, speculum obedientiæ, ora.
Sainte Anne, miroir de patience, priez.	Sancta Anna, speculum patientiæ, ora.
Sainte Anne, miroir de dévotion, priez.	Sancta Anna, speculum devotionis, ora.
Sainte Anne, rempart de l'Église, priez.	Sancta Anna, propugnaculum ecclesiæ, ora.
Sainte Anne, refuge des pécheurs, priez.	Sancta Anna, refugium peccatorum, ora.

Sancta Anna, auxilium christianorum, ora.	Sainte Anne, secours des chrétiens, priez.
Sancta Anna, liberatrix captivorum, or.	Sainte Anne, délivrance des captifs, priez.
Sancta Anna, solatium conjugatorum, ora.	Sainte Anne, consolation des époux, priez.
Sancta Anna, mater viduarum, ora.	Sainte Anne, mère des veuves, priez.
Sancta Anna, matrona virginum, ora.	Sainte Anne, gouvernante des vierges, priez.
Sancta Anna, portus salutis navigantium, ora.	Sainte Anne, port de salut des navigateurs, priez.
Sancta Anna, via peregrinorum, ora.	Sainte Anne, chemin des voyageurs, priez.
Sancta Anna, medicina infirmorum, or.	Sainte Anne, remède des infirmes, priez.
Sancta Anna, sanitas languentium, ora.	Sainte Anne, santé des malades, priez.
Sancta Anna, lumen cæcorum, ora.	Sainte Anne, lumière des aveugles, priez.
Sancta Anna, lingua mutorum, ora.	Sainte Anne, langue des muets, priez.
Sancta Anna, auris surdorum, ora.	Sainte Anne, oreille des sourds, priez.
Sancta Anna, consolatrix afflictorum, ora	Sainte Anne, consolatrice des affligés, priez.
Sancta Anna, auxiliatrix omnium ad te clamantium, intercede pro nobis.	Sainte Anne, secourable pour tous ceux qui crient vers vous, intercédez pour nous.
Agnus Dei, qui tollis peccata mundi ; parce nobis Domine.	Agneau de Dieu, qui effacez les péchés du monde, pardonnez-nous, Seigneur.
Agnus Dei, qui tollis peccata mundi ;	Agneau de Dieu, qui effacez les péchés du monde,

exaucez-nous, Seigneur.	exaudi nos, Domine.
Agneau de Dieu, qui effacez les péchés du monde, ayez pitié de nous.	Agnus Dei, qui tollis peccata mundi, miserere nobis.
Jésus-Christ, écoutez-nous.	Christe, audi nos.
Jésus-Christ, exaucez-nous.	Christe, exaudi nos.
℣. Le Seigneur a chéri sainte Anne ;	℣. Dilexit Dominus sanctam Annam ;
℟. Et il s'est épris de la beauté de son âme.	℟. Et amator factus est formæ illius.
Prions.	*Oremus.*
Dieu tout-puissant et éternel, qui avez daigné choisir la bienheureuse Anne pour mère de la Mère de votre Fils unique ; accordez avec bonté que nous, qui honorons sa mémoire par une dévotion fidèle, obtenions par ses mérites des suffrages de vie éternelle ; ô Dieu qui vivez et régnez.	Omnipotens, sempiterne Deus, qui beatam Annam in Genitricis Unigeniti tui matrem eligere dignatus es ; concede propitius, ut qui ejus commemorationem fideli devotione recolimus, ipsius meritis æternæ vitæ suffragia consequamur : Qui vivis et regnas Deus.

PRIÈRE A SAINTE ANNE.

Nous vous saluons, très-glorieuse sainte Anne : soyez bénie entre toutes les femmes de ce que vous avez eu le bonheur de porter dans votre sein la très-sainte et immaculée Vierge Marie, mère de Dieu. Nous prenons part à la joie que vous ressentîtes au moment de cette heureuse naissance, et au généreux sacrifice que vous fîtes au Père éternel, lorsque vous la présentâtes au Temple. Présentez-nous vous-même, grande Sainte, à votre chère fille et à Jésus-Christ, son fils, et soyez notre avocate et notre protectrice auprès de Jésus et de Marie ; car que ne devons-nous espérer de votre crédit, si nous avons le bonheur d'avoir trouvé grâce auprès de vous, ô glorieuse sainte Anne ! Ainsi soit-il.

PRIÈRE A SAINTE ANNE

Pour lui recommander quelque affaire.

Glorieuse sainte Anne, pleine de bonté pour tous ceux qui vous invoquent, pleine de compassion pour tous ceux qui souffrent, me trouvant accablé d'inquiétudes et de peines, je me jette à vos pieds, vous suppliant humblement de prendre sous votre conduite l'affaire qui m'occupe. Je vous la recommande instamment, et vous prie de la représenter à votre fille et notre mère, la très-sainte Vierge, et à la Majesté divine de Jésus-Christ, pour m'obtenir une issue favorable. Ne cessez pas d'intercéder, je vous en conjure, que ma demande ne me soit accordée par la divine miséricorde. Obtenez-moi par-dessus tout, glorieuse Sainte, de voir un jour mon Dieu face à face pour le louer, le bénir et l'aimer avec vous, avec Marie et avec tous les élus. Ainsi soit-il.

Nous avons cru pouvoir nous permettre, pour l'édification de nos lecteurs, d'emprunter ces deux prières à l'intéressant opuscule du R. P. Arthur Martin, intitulé : LE PÈLERINAGE DE SAINTE-ANNE D'AURAY.

TABLE DES MATIÈRES.

OUVRAGES DE L'ABBÉ J. M. BÉCEL

Souvenirs de première communion et de confirmation, un vol. in-18, orné de 2 gravures, 2e édition; prix : 1 fr. 50.

Souvenirs de catéchisme, ou Conférences à l'usage des jeunes gens, un vol. grand in-18 anglais de près de 700 pages; prix : 3 fr. 50.

L'Age de raison, un vol. in-18 anglais, imprimé avec luxe, orné d'une très-belle gravure; prix : 2 fr. 50.

Ces trois ouvrages, qui se trouvent a la librairie Adrien Le Clere, rue Cassette, 29, a Paris, ont été honorés de l'approbation suivante :

«Avignon, le 18 février 1857.

« Je donne bien volontiers mon approbation, « Monsieur l'abbé, aux trois volumes que vous « m'avez soumis : *Souvenirs de première com-« munion et de confirmation* ; — *l'Age de rai-« son* ; — *Souvenirs de catéchisme*. Je les recom-« manderai spécialement à nos bibliothèques « paroissiales, comme très-propres à faire du « bien à la jeunesse.

« Persévérez, M. l'abbé, dans la pieuse mission

« que vous avez inaugurée avec fruit, et rece
« l'assurance de mes sentiments aussi disting
« que dévoués.

« † J.-M. M. ARCHEVÊQUE D'AVIGNON.

PARIS. — Imp. ADRIEN LE CLERE, rue Cassette, 29

www.ingramcontent.com/pod-product-compliance
Ingram Content Group UK Ltd.
Pitfield, Milton Keynes, MK11 3LW, UK
UKHW012105240726
13965UKWH00004B/1552